AF341136

DE LA PHILOSOPHIE

DES

JURISCONSULTES ROMAINS,

PAR C. GINOULHIAC,

DOCTEUR EN DROIT.

Suum cuique tribuere.

IMPRIMERIE

DE HENNUYER ET C⁏, RUE LEMERCIER, 24

BATIGNOLLES.

—

1849

Imprimerie de HENNUYER et Cie, rue Lemercier, 24, Batignolles.

DE LA PHILOSOPHIE

DES

JURISCONSULTES ROMAINS.

La question que nous nous proposons d'étudier ici n'est point nouvelle, nous ne l'ignorons pas. Depuis la renaissance des études littéraires et juridiques, elle a fait l'objet des recherches de tous les commentateurs et de tous les historiens du droit romain et même du droit français. Il n'en est pas un qui n'ait consacré quelques lignes, quelques pages, voire même une dissertation *ex professo*, au stoïcisme des jurisconsultes romains.

Aussi quelques-uns penseront-ils peut-être que c'est entreprendre une œuvre tout à la fois peu intéressante et peu utile, que de soumettre à un nouvel examen une question tant de fois débattue et, depuis si longtemps, définitivement jugée.

Mais se laisser arrêter dans des recherches scientifiques par de semblables motifs, ce serait consacrer à jamais toutes les vieilles erreurs, les couvrir d'une sorte d'inviolabilité par cela seul qu'elles sont plus générales et plus vieilles. Ce serait rendre les sciences stationnaires, empêcher en elles tout progrès; car le progrès c'est la vie, et la vie ne se manifeste que par des travaux incessants qui, en permettant de contrôler les résultats déjà acquis, en amènent de nouveaux. A chaque époque, d'ailleurs, pour chaque individu, les questions scientifiques changent d'aspect ; elles se transforment en quelque sorte et s'éclairent, par cela même, d'une lumière nouvelle. Ainsi, la question qui nous occupe n'est plus à notre époque, pour nous, ce qu'elle était au seizième siècle pour Cujas et ses disciples.

Pour eux, en effet, la philosophie des jurisconsultes romains n'était qu'une question tout à fait incidente, une question de texte, qu'il s'agissait de résoudre comme toutes les questions pareilles, c'est-à-dire en groupant des fragments, en les rapprochant de citations empruntées à quelque philosophe de l'antiquité. C'est le procédé que suivit Cujas lui-même, et qui l'amena à conclure que les jurisconsultes romains étaient stoïciens : *juris auctores nostros ab stoicis fere imbutos esse* [1] ; méthode et conclusions qui ont depuis servi de règle à tous les commentateurs [2]. On ne saurait en faire un reproche au moins aux anciens.

Les fragments des jurisconsultes, réunis dans les *Pan-*

---

[1] Cujas, *Observat.*, lib. XXVI, 40.

[2] Je ne citerai ici que les auteurs de dissertations particulières, et encore des plus importantes... Mérille, *Observat.*, I, c. VIII.—Malquyttus, *De vera non simulata philosophia jurisconsultorum.* — Galvanus, *De usufructu dissertationes variæ.* Il tire l'un de ses arguments en faveur de l'influence du stoïcisme sur le droit romain, de ce que ce fut un stoïcien, Marc-Aurèle, qu'il confond avec Caracalla, qui donna le titre de citoyen à tous les sujets de l'empire ! —Ramos, *Tribonianus seu errores Triboniani,* première édition de 1659. Ses recherches des textes et leurs combinaisons sont curieuses ; il en conclut qu'Ulpien, Paul, Tryphoninus, Marcien sont stoïciens. — Evérard Otton, *De stoica veterum jurisconsultorum philosophia,* et *Papinianus.* — Marcov, *De sectis Sabinianorum et Proculeianorum in jure civili,* qui soutient que les jurisconsultes des deux sectes sont stoïciens.—Meister, *De philosophia veterum Romanorum stoica in doctrina de corporibus ejusque partibus,* Gœtt., 1756.—Boers, *De anthropologia veterum Romanorum quatenus stoica est,* Lugd. Bat., 1766. — Ortloff, *De l'influence de la philosophie stoïque sur le droit romain* (en allemand), Erlangen, 1797. Pour plus de détails, voir la dissertation de M. Ratien, citée plus bas.

dectes, avaient alors force de loi dans presque toute l'Europe, et l'on considérait leur ensemble comme un tout parfaitement homogène qu'il fallait expliquer dans toutes ses parties. Au lieu donc de décomposer l'œuvre de Justinien par l'analyse et la critique historiques, d'isoler chaque texte, de le replacer, autant que possible, dans le milieu d'où il avait été extrait, pour en saisir le sens véritable, on le traitait comme on ferait aujourd'hui d'un article de nos Codes, et l'on cherchait à expliquer une loi par une autre, comme on disait alors, un fragment de Gaïus par un fragment de Papinien, d'Ulpien ou de Paul, et *vice versa,* sans trop s'enquérir de leur origine.

Ce travail de rapprochement, de conciliation, de fusion, ou, mieux encore, de confusion des textes, au point de vue historique, n'a pas été d'ailleurs sans produire des résultats utiles. Il a, d'une part, pour le droit positif, donné naissance à des théories qui, pour n'être pas celles des Romains, ne manquent pas de tout mérite, et qui ont même passé en partie dans la science et dans la législation modernes; de l'autre, et pour la partie philosophique, il a servi de base aux travaux des jurisconsultes philosophes, Grotius et ses disciples, qui, au dix-septième siècle, fondèrent une science nouvelle, celle du droit naturel.

Mais notre œuvre n'est plus aujourd'hui celle des anciens interprètes; nous n'avons point à expliquer des textes de loi encore en vigueur, à les rapprocher, à tâcher de les concilier, pour en former un corps, un système de droit positif ou de droit naturel; la philosophie des jurisconsultes romains n'est plus pour nous qu'une question historique, qu'on ne peut résoudre qu'en rendant à chaque époque, à chaque jurisconsulte, le fragment et l'opinion qui lui sont propres.

On l'a compris depuis longtemps pour les textes du droit positif; une école même, née sur notre sol, et dont nous avons essayé de raconter ailleurs l'origine et les progrès. s'est formée pour défendre et pour appliquer l'interprétation critique et historique; mais elle a jusqu'ici borné ses recherches et ses travaux à quelques points d'histoire externe ou interne du droit romain. La partie philosophique de ce droit a été sinon complétement, au moins fort négligée. Et, peu fidèles en ceci à leur système, les disciples de l'école historique, même les plus modernes, n'ont pas craint d'accepter comme légitimes des résultats obtenus par la méthode exégétique, c'est-à-dire par des procédés d'interprétation qu'ils ont réprouvés, combattus en d'autres points, et qui ne sauraient plus être de notre temps. Admettant comme vraie cette vieille opinion qui fait des jurisconsultes romains des stoïciens, ils ont bâti là-dessus des systèmes sur l'influence du stoïcisme sur le droit romain; faisant ainsi, il est vrai, honneur à une philosophie de maximes qui n'étaient point les siennes, à un jurisconsulte d'une opinion qui appartenait à un autre, mais plus soucieux du résultat que des moyens [1].

Ce résultat, en faveur du stoïcisme des jurisconsultes romains, n'a pas d'ailleurs été reçu sans contradiction. Déjà P. Gaudentius [2] et Vico, cet esprit indépendant et peut-être

---

[1] C'est un reproche que nous croyons pouvoir adresser aussi aux historiens de la philosophie (Brucker, Ritter), qui, sur la foi des anciens commentateurs et de ceux qui les ont suivis, admettent comme chose hors de contestation que tous les jurisconsultes romains, sans distinction, sont stoïciens; ils ont trop aveuglément accepté, sans la contrôler, l'opinion générale; mais ils n'étaient point jurisconsultes, pas plus que les commentateurs du droit n'étaient philosophes.

[2] *De philosophiæ apud Romanos initio et progressu. 13. 12. 14. Pisæ. 1643.*

paradoxal, qui rejetait toutes les opinions reçues, l'avaient repoussé. J. G. Hoffmann [1], M. G. Pauli [2], Puttmann [3], J. M. Van Vollenhoven, le combattirent. Le premier (Hoffmann), suivi en ceci par Puttmann, en montrant que les jurisconsultes romains n'avaient point emprunté leur dialectique à la philosophie stoïcienne, et qu'ils n'avaient précisément adopté aucun système philosophique; le second, en soutenant qu'ils avaient aussi bien suivi les principes de l'Académie et des péripatéticiens que ceux du stoïcisme; Van Vollenhoven, en démontrant que les principes ou maximes que l'on prétendait venus du stoïcisme, existaient déjà dans la jurisprudence romaine avant l'apparition et l'étude de la philosophie à Rome. Sa dissertation a pour titre : *Specimen juridicum inaugurale de exigua vi quam philosophia græca habuit in efformanda jurisprudentia romana* [4]. Le dernier travail spécial que nous connaissions sur la question, est celui du docteur Ratien, professeur à Kiel, publié dans le *Journal pour l'interprétation historique et dogmatique du droit romain*, de C. et V. Sell [5]. Après avoir analysé les travaux déjà publiés, il reprend un à un et combat tous les arguments de forme ou de fond produits en faveur du stoïcisme; et à cette question, qu'il pose lui-même, *la philosophie stoïque a-t-elle eu une influence marquée dans les écrits juridiques recueillis dans les* Pandectes *de Justinien*, il répond par un *non* absolu : trop absolu, nous le prouverons; car il refuse au stoïcisme, non pas seulement une

---

[1] *De dialect. veter.*, J. C., Francfort, 1735.

[2] *De utilitatibus quas attulit philosophia ad jurisprudentiam romanam*, Lips., 1753.

[3] *Interpretationes juris*, cap. II.

[4] Amstelodami, 1834.

[5] Première partie du troisième volume, page 66, 1843.

grande influence, mais toute influence sur les opinions et les décisions des jurisconsultes romains.

La question reste donc posée entre les partisans et les adversaires des deux opinions, comme elle l'était jadis : les jurisconsultes romains sont-ils stoïciens? et les moyens de la résoudre sont restés les mêmes. A des fragments qu'on prétend renfermer des principes, des maximes, des formes d'argumentation stoïciens, on répond en niant que tout cela soit philosophique et propre au stoïcisme; on ne sort pas de là.

La question nous paraît mal posée, et la méthode employée pour la résoudre, vicieuse. En effet, le stoïcisme ne fut pas la seule secte philosophique qui eût de l'autorité à Rome, et qui pût exercer de l'influence sur la jurisprudence romaine; les doctrines de l'Académie et d'Épicure, cette dernière surtout, eurent aussi de nombreux adeptes chez les Romains[1]. En admettant donc que les raisons qu'on fait valoir contre le stoïcisme fussent concluantes contre lui, elles ne sauraient rien prouver contre l'influence des autres systèmes philosophiques connus et étudiés à Rome.

Entre ces deux opinions trop absolues et trop exclusives : les jurisconsultes romains sont stoïciens; les jurisconsultes romains ne sont point stoïciens, ne sont pas même philosophes, il y a place, on le voit, pour d'autres opinions. On peut, en effet, tout en admettant, avec les uns, que les jurisconsultes romains ne sont pas stoïciens, soutenir qu'ils sont épicuriens, académiciens, que sais-je; mais on peut admettre aussi, avec les autres, que le stoïcisme a laissé des traces marquées dans les écrits des jurisconsultes, mais affirmer que les autres doctrines philosophi-

---

[1] Voir Cicéron, *Tuscul..* IV, 3 ; Ritter, *Histoire de la philosophie*, t. IV. pag. 61 et 65 ; et Brucker, *Historia critica philosophiæ*, tom. I, pars II, lib. II. cap. XIII. et tom. II, period, II, pars. I. lib. I, cap. I et II.

ques y ont aussi laissé les leurs. Sans doute, une telle
opinion aurait paru contradictoire et subversive aux anciens
interprètes, qui ne considéraient les Pandectes que comme
l'œuvre d'un seul, et qui n'étaient occupés qu'à en concilier, par les interprétations les plus ingénieuses, les textes
contradictoires ou à les systématiser ; mais, à première
vue, et avant toute investigation, pour nous et pour tout
homme non prévenu et sachant comment furent composées
les Pandectes, elle est la plus vraisemblable. Comment,
en effet, ne pas admettre que parmi cette foule de jurisconsultes, connus ou inconnus, dont les fragments nous restent,
il n'y ait pas eu des stoïciens, ou soutenir qu'il n'y ait eu
que des stoïciens ?

En ceci, d'ailleurs, cette vraisemblance est en dehors
des textes, confirmée par l'histoire, qui nous apprend qu'il
y eut des jurisconsultes stoïciens et des jurisconsultes épicuriens [1] ; on a soutenu aussi qu'il y en avait de chrétiens [2].
Mais tout en acceptant pour les temps anciens ces affir-
mations de l'histoire, on les a repoussées quant aux stoïciens, et non sans quelque raison, il faut bien le reconnaître, pour les temps postérieurs, c'est-à-dire les beaux siècles
de la jurisprudence romaine ; car nul ne l'ignore, pour peu
qu'il ait étudié l'histoire de la philosophie à Rome, à cette
époque, au milieu du second et au troisième siècles de l'ère
chrétienne, le stoïcisme y avait beaucoup perdu de son
autorité, il était incontestablement en décadence [3]. On ne
saurait toutefois en conclure qu'il ne lui restait alors aucun

[1] V. Cicero, *in Brut.*, cap. xxx. — A. Gellius, i, 22. Pomponius, L. 2,
40, D. *De origine juris.* Ritter et Brucker, *ubi suprà.*

[2] Troplong, *Influence du christianisme sur le droit romain.* — Laferrière
Histoire du droit civil de Rome, tom. ii, liv. iii. chap. i.

[3] V. *infra.*

adepte parmi les jurisconsultes. A défaut donc d'autres documents pour cette période, c'est aux fragments des jurisconsultes eux-mêmes que nous devons recourir pour décider la question, en tenant compte toutefois de ces précédents qui ne peuvent être sans importance, surtout parmi les jurisconsultes, souvent disciples les uns des autres, et conservant les doctrines de leurs prédécesseurs pour les transmettre à ceux qui leur succédaient.

Nous n'entendons pas, toutefois, en parlant de ces doctrines, qui se conservaient ainsi et passaient des uns aux autres, soutenir cette opinion qui a eu quelque partisans, que parmi les jurisconsultes les Proculéiens étaient stoïciens et les Sabiniens ne l'étaient pas [1]. Des rapports de ressemblance ont bien pu exister entre quelques principes des Proculéiens et quelques points de la doctrine stoïcienne, tels que la recherche des étymologies, souvent fort inepte, et qui n'aboutit pas à grand' chose, au moins dans la jurisprudence, soit dit en passant; mais pour ce qui concerne le caractère des uns et des autres, quoi qu'on en ait dit, nulle ressemblance n'existe; les Proculéiens étant, au moins tels que nous les a peints Pomponius, peut-être leur disciple, des hommes d'indépendance et de progrès, et les stoïciens ne pouvant, malgré leur fastueuse et hypocrite sagesse, surtout dans les derniers temps, être considérés comme tels. D'ailleurs, nous avons des preuves plus décisives; nous montrerons bientôt un disciple de Sabinus stoïcien, et nous verrons que les doctrines sabi-

---

[1] Mérille, *Observat.* I, cap. VIII. Il fait d'Ulpien un stoïcien et un proculéien, à cause de ce qu'il dit, frag. 27, 9, D., *Ad legem Aquiliam*, que ce n'est pas une excuse dans ce cas, de dire : *que le sommeil est une chose naturelle, rem humanam et naturalem passum,* ce qu'admettaient les stoïciens, au dire de Tertullien.

niennes sont bien plus conformes au stoïcisme, sans vouloir
toutefois affirmer d'une manière générale et absolue que
les Sabiniens et les Sabiniens seuls aient été stoïciens.

Des renseignements fournis par l'histoire il résulte donc,
avant toute discussion des textes, que l'étude de la philosophie était unie chez les Romains à celle de la jurisprudence, et que, sinon tous, au moins plusieurs jurisconsultes
étaient philosophes. Pouvait-il en être autrement? Je laisse
de côté la définition de la jurisprudence dont on s'est tant
servi pour prouver cette alliance des deux sciences, comme
un argument inutile, pour ne pas dire mauvais, et sur lequel nous aurons plus tard à nous expliquer. Il en résulte
aussi que le stoïcisme n'était pas la seule doctrine philosophique acceptée par eux. Restent maintenant à explorer
les textes ou fragments qui nous ont été conservés. Nous le
ferons avec une complète indépendance, n'ayant *à priori*
adopté aucun système qui puisse gêner cette appréciation.

Nous ne voulons pas d'ailleurs, on le comprend, étendre
notre examen et notre exploration à tous les jurisconsultes
dont il nous reste quelque chose, et à tous leurs fragments.
Une semblable tâche serait au-dessus de nos forces, nous
le reconnaissons volontiers, par la longueur du travail, et,
nous le craignons bien, par sa stérilité; ce ne serait bien
souvent qu'une énumération fastidieuse de noms et de
qualités douteuses pour beaucoup d'entre eux. Aussi avons-
nous cru devoir borner nos recherches à quatre ou cinq,
les plus illustres, et ceux dont il nous restait les ouvrages
ou les fragments les plus considérables et les plus nombreux. Ce point arrêté, notre choix ne pouvait être douteux, et nous devions accepter les noms que les empereurs
romains eux-mêmes nous désignaient dans la loi des citations : Gaïus, Papinien, Paul, Ulpien.

Restreint à l'appréciation des principes philosophiques de ces quatre jurisconsultes, individualités puissantes, qui, appartenant à différentes époques, mais toutes du bel âge de la jurisprudence romaine, résument tout ce qu'il y a de remarquable parmi eux, notre travail nous a paru pouvoir être intitulé avec vérité : *de la Philosophie des jurisconsultes romains*, ni plus ni moins. Le sujet n'est point ainsi borné au stoïcisme, mais il paraît moins étendu que cette autre question traitée par plusieurs : influence du stoïcisme ou du christianisme sur le droit romain.

Pas n'est besoin de dire ici que dans notre examen analytique et critique des textes le premier principe qui nous dirigera sera ce principe de droit, trop souvent oublié ou méconnu, et que nous avons cru devoir par cela même choisir pour épigraphe, rendre à chacun ce qui lui appartient : *suum cuique tribuere*.

Nous espérons même, et puisse en ceci notre espoir ne pas être déçu, que ces recherches ne seront pas sans intérêt à notre époque où l'on s'occupe tant de principes sociaux. Les idées et les opinions des jurisconsultes romains, qui ont possédé à un degré si éminent cette raison, ce bon sens pratique, le maître de la vie humaine individuelle ou sociale, ne sauraient être indifférentes en semblable matière. On pourra même faire à cette occasion des rapprochements utiles sous plus d'un rapport entre ce qui est et ce qui fut, entre deux sociétés et deux législations qui, malgré l'intervalle de tant de siècles, de tant de révolutions et de tant de progrès qui les séparent, ont entre elles plus d'un point de ressemblance.

§ 1. — Gaïus.

Nous n'avons point à écrire ici la vie du jurisconsulte
dont nous ne savons d'ailleurs pas grand' chose, mais à
exposer ses idées. Il nous suffira de dire qu'il vivait sous
Marc-Aurèle et jusque dans la dernière moitié du deuxième
siècle; qu'il était sabinien, ainsi qu'il le reconnaît lui-
même, en désignant plusieurs fois les chefs de cette secte
de jurisconsultes par ces mots *præceptores nostri*; qu'il
composa plusieurs ouvrages, dont il reste bien des fragments dans les Pandectes, mais dont un seul est parvenu
jusqu'à nous, sans avoir eu à subir les mutilations de Tribonien; je veux parler, on le comprend, de ses Institutes
qui, malgré leurs nombreuses lacunes, forment aujour-
d'hui la base de l'enseignement historique du droit romain,
et qui formeront en grande partie celle de nos études sur
ce jurisconsulte. Elles ont servi de modèle et de principal
fondement aux Institutes de Justinien, comme cet empereur le déclare lui-même, en appelant notre jurisconsulte
Gaius noster.

Dans son commentaire premier, Gaïus pose d'abord en
fait et comme résultat d'observation que tous les peuples
policés sont régis en partie par un droit qui leur est propre,
et en partie par un droit qui est commun à tous les hommes;
le premier s'appelle *droit civil, proprium cujusque civitatis;*
le second, *droit des gens, quasi quo jure omnes gentes utun-
tur.* Il l'appelle aussi quelquefois droit naturel (*Comm.* ii,
§ 65), et n'admet point sous ce nom un droit commun aux
hommes et aux animaux. Le premier dérive de la volonté
de chaque peuple qui se l'est donné : *quod quisque populus
ipse sibi jus constituit.* Le second dérive de la *ratio natura-*

lis, de la raison naturelle, de cette raison suprême et invincible fondée sur la nature des choses ou des êtres.

Cette raison naturelle est immuable, elle ne peut être changée, et il ne peut l'être lui-même, ni par aucune loi civile, ni par aucun décret du sénat. *Nec enim*, dit-il, *naturalis ratio auctoritate senatus commoveri potest* [1]. Et ailleurs, *civilis ratio naturalia jura corrumpere non potest* [2].

Aussi ce droit n'a-t-il pas d'autre origine et d'autre commencement que le genre humain lui-même, *et quia antiquius jus gentium cum ipso genere humano proditum est* [3]. Il repousse donc tout état de nature anté-social.

Conforme à la *naturalis ratio*, à la nature, ce droit est nécessaire ; il se trouve chez tous les peuples, et les institutions qui en dérivent sont toujours légitimes : *Quia id naturali rationi conveniens est* (*Comm.* I, § 189).

Ces principes de Gaïus rappellent à notre esprit la célèbre définition de Montesquieu qui ne fait que les reproduire : « Les lois sont les rapports nécessaires qui dérivent de la nature des choses », et celle de Grotius, *dictatum rectæ rationis*, qu'il applique au droit naturel, droit tellement immuable, selon lui, que Dieu lui-même ne pourrait pas le changer, parce qu'il dérive de la nature des choses. En deçà de ces deux publicistes jurisconsultes, nous trouverions encore les rédacteurs du Code civil définissant le droit : « la raison universelle, la suprême raison fondée sur la nature des choses » ; et ailleurs : « la raison en tant qu'elle gouverne indéfiniment tous les hommes. »

Mais si nous portons nos regards au delà de Gaïus, et si nous nous demandons à qui il avait emprunté ces prin-

---

[1] L. 2, D., *De usufructu earum rerum*
[2] L. 8, D., *De capite minutis.*
[3] L. 8, D., *De acquirendo rerum dominio.*

cipes, la réponse ne sera point difficile. Il n'y a qu'une philosophie qui ait admis cet empire d'une raison supérieure qui gouverne toutes choses, les hommes et les dieux, et cette philosophie, c'est le stoïcisme. Sans chercher d'autres preuves, nous renverrons à la définition que Chrysippe donne de la loi, et qui se trouve reproduite dans le fragment 2, D., *De legibus*, liv. i, tit. iii [1]. Le même Chrysippe repoussait toute espèce de communauté de droit entre les hommes et les animaux : *Homini nihil juris esse cum bestiis* (Cicero, *De finibus*, iii, 20 ; *De officiis*, i, 4), que Gaïus n'admettait pas non plus, nous l'avons déjà dit.

Après avoir établi les caractères généraux du droit naturel d'après Gaïus, si nous examinons quelques-unes de ses idées relativement aux personnes, aux choses, aux obligations, nous les trouverons encore parfaitement conformes aux principes de la philosophie stoïque.

Quant aux personnes, Gaïus admet, et cela résulte nécessairement de ses principes, la légitimité de l'esclavage. L'esclavage est en effet du droit des gens, et le droit des gens dérive de la *naturalis ratio*. Voici comment il s'exprime, en parlant des droits du maître : « *In potestate itaque sunt servi dominorum, quæ quidem potestas juris gentium est; nam apud omnes peræque gentes animadvertere possumus dominis in servos vitæ necisque potestatem esse, et quodcumque per servum adquiritur, id domino adquiritur.* » Il parle ensuite des restrictions apportées par Antonin à cette puis-

---

[1] *Lex est omnium divinarum atque humanarum rerum regina. Oportet autem eam esse præsidem et bonis et malis, et principem et ducem esse; et secundum hoc, regulam esse justorum, et eorum quæ natura civilia sunt animantium; præceptricem quidem faciendorum, prohibitricem autem faciendorum.* Et Sénèque, *De benef.*, iv. 7 : *Quid aliud est natura quam Deus et divina ratio...* Voir aussi Diogène Laërce, vii. 319 et 328.

sance absolue du maître, et il les approuve : « *et utrumque recte fit.* » Mais pourquoi ? est-ce parce que le maître n'a point ce droit absolu de vie et de mort dont il vient de parler ? Non ; ce droit, il le lui reconnaît ; mais parce que, je le laisse parler : « *male enim nostro jure uti non debemus ; qua ratione et prodigis interdicitur bonorum suorum administratio* [1]. » Il admet donc en principe les droits du maître comme ceux du prodigue, et il compare leur trop rigoureux exercice à la prodigalité !

Toute injure, tout dommage donne lieu à une réparation à l'égard de l'offensé ; s'agit-il de l'esclave, *servo autem ipsi quidem nulla injuria intelligitur fieri* ; seulement, si, par le mauvais traitement infligé à l'esclave, on est censé avoir voulu faire injure au maître, on accorde à celui-ci une action. On peut, autrement, insulter impunément l'esclave, le frapper même du poing [2] ; ce n'est qu'un esclave, ce n'est pas un homme !

Ailleurs, il dit comme la chose la plus naturelle : *Ut igitur apparet, lex servis nostris exæquat quadrupedes* [3]. Cette assimilation de la brute à l'homme, de l'homme à la brute, ne le touche point. C'est qu'aussi l'esclave n'est pas un homme, répétons-le ; car nous ne saurions trop le répéter, pour qu'on ne se fasse pas une fausse idée, sur la foi de quelques

[1] *Comm.*, 1, p. 52.

[2] Nous transcrivons ici en entier le passage, afin qu'il puisse être mieux apprécié (*Comm.*, III, 222) : « Servo autem ipsi quidem nulla injuria intelligitur fieri, sed domino per eum fieri videtur : non tamen iisdem modis, quibus etiam per liberos nostros vel uxores injuriam pati videmur ; sed ita cum quid atrocius commissum fuerit quod aperte in contumeliam domini fieri videtur, veluti si quis alienum servum verberaverit : et in hunc casum formula proponitur : *at si quis servo convicium fecerit vel pugno eum percusserit, non proponitur ulla formula, nec temere petenti datur.* »

[3] L. 2. D., *Ad legem Aquiliam.*

lois mal comprises, des opinions et des sentiments des jurisconsultes romains de cette époque, surtout des stoïciens.
On sait, il est vrai, comment les philosophes de cette secte,
le grand Caton lui-même, traitaient leurs esclaves : ce qui
n'était qu'une application de leur maxime, qu'il ne faut
pas être miséricordieux ni pardonner, et qu'il faut s'en
tenir à la loi et ne pas la croire facilement trop rigoureuse
(*Diogène Laërce*, x, 300).

Les enfants nés d'une mère esclave sont esclaves; peu
importe que l'enfant ait été conçu d'une mère libre, si elle
a perdu depuis sa liberté; les enfants des esclaves ne sont
censés exister que du moment de leur naissance ; la règle
du droit civil qui fait remonter cette existence au moment
de la conception ne leur est pas applicable [1]. Mais d'un autre
côté Gaïus, suivant l'avis de Brutus et des stoïciens, reconnaît que le part de l'esclave ne doit point être mis au nombre
des fruits, parce que la nature ayant créé tous les fruits
pour l'homme, l'homme lui-même ne peut être considéré
comme un fruit [2].

Quant aux choses, sa division est, quoi qu'on ait dit,
toute stoïcienne. Il les divise en corporelles et incorporelles.
Corporelles, celles qui peuvent être touchées ; incorporelles,
celles qui ne le peuvent point.

Gaïus admet parmi les modes d'acquérir la propriété, les
uns du droit civil, les autres du droit des gens; pas n'est

[1] *Comm.*, i, 89. V. surtout le § 85, où, parlant de Vespasien qui réforme
une disposition qui permettait à la femme esclave d'engendrer d'un homme
libre des enfants libres, pourvu qu'il l'eût crue libre, et que les enfants fussent mâles, il approuve fort cet empereur d'avoir rétabli la règle du droit des
gens, qui veut que mâles ou femmes, peu importe, les enfants nés d'une
mère esclave soient tous esclaves.

[2] L. 28, D., *De usuris*, et L. 68, *De usufructu*, liv. vii, tit. 1; et *infra*,
§ 2.

besoin d'ajouter qu'il considère la propriété, dans son origine, comme dérivant du droit des gens [1].

Pour les contrats, il confond la vente avec l'échange,
comme les Sabiniens ses maîtres; fidèle en ceci aux doctrines du stoïcisme, qui réprouvait l'usage de la monnaie [2].
C'est encore à Gaïus qu'appartient cette maxime, que pour
admettre la rescision d'un contrat formé sous l'empire de
la crainte, il faut que cette crainte soit de nature à faire
impression sur l'homme le plus courageux, le plus maître de
lui-même : *Metum autem non vani hominis, sed qui merito
et in hominem constantissimum cadat, ad hoc edictum perti-.
nentem dicemus* [3], maxime stoïcienne s'il en fut jamais [4].

Qu'on ne pense pas d'ailleurs, en lisant plusieurs de ces
maximes, qui nous paraissent un outrage à la dignité humaine, et qui semblent être en certains points si éloignées de
quelques-unes des maximes des philosophes de cette époque,
notamment de Marc-Aurèle [5], que celui qui les écrivait fût
un homme à part, jouissant de peu d'autorité parmi les jurisconsultes, et à l'opinion duquel on ne doit pas attacher trop
d'importance. Gaïus, si l'on en juge par ses œuvres, par ce
que témoignent de lui les empereurs dans la loi des citations, et Justinien dans ses Instituts, fut un des jurisconsultes les plus considérables de son époque. Ce n'est pas non
plus un esprit ordinaire, soumis aveuglément à ce qui est.

[1] Voir *suprà*, et lois 1, 2, D., *De acquirendo rerum dominio*.

[2] *Comm.*, III, 141. J'emprunte ce principe à Barbeyrac, préface sur Puf-
fendorf.

[3] L. 8, D., *Quod metus causa*.

[4] Nous ne poussons pas toutefois l'ardeur de nos convictions sur le stoïcisme de Gaïus jusqu'à accuser de folie, avec Everard Otton. quiconque ne
les partagerait pas : « Titum porro Gaium qui stoicum negat, hunc insanum
non sanus juret Orestes... »

[5] Voir *infra*, § III.

et, malgré son titre de Sabinien, un conservateur quand même des vieilles traditions législatives ou scientifiques.

Il ne craint pas de blâmer, sinon la loi elle-même qui soumet les femmes à une tutelle perpétuelle, du moins les motifs qu'on en donne [1]. Dans un autre passage et sur un autre point, il blâme aussi, comme peu fondée en raison, la doctrine de ses propres maîtres [2].

Nous croyons donc pouvoir le considérer comme le vrai représentant de la jurisprudence et le véritable interprète de la législation à son époque, c'est-à-dire sous les Antonins. On voit en lui non-seulement le vrai jurisconsulte, mais le jurisconsulte philosophe; s'il y a désaccord entre sa philosophie un peu sévère et celle de quelques-uns de ses contemporains, il ne faut en accuser que ces derniers (s'il y a toutefois à leur en faire un reproche), qui n'étaient plus que d'un stoïcisme mitigé, tandis que lui restait fidèle aux anciens préceptes de la morale stoïque. La raison en est sans doute dans la différence qui sépare la philosophie purement spéculative de la philosophie pratique et législative. Les idées nouvelles, on le conçoit, pénètrent plus facilement dans le domaine un peu vague de la spéculation que dans celui de la réalité; car pour qu'elles soient réalisées dans la législation, il faut qu'elles soient bien arrêtées,

---

[1] C'est ainsi que nous croyons devoir interpréter ce passage bien connu (*Comm.*, i, 190) de Gaïus : « Feminas verò perfectæ ætatis in tutela esse, fere nulla pretiosa ratio suasisse videtur ; nam quæ vulgo creditur, quia levitate animi plerumque decipiuntur, et æquum erat eas tutorum auctoritate regi, magis speciosa videtur quam vera : mulieres enim quæ perfectæ ætatis sunt, ipsæ sibi negotia tractant, et in quibusdam causis dicis gratia tutor interponit auctoritatem suam ; sæpè etiam invitus auctor fieri à prætore cogitur. » Ceux qui pensent qu'il blâme la disposition légale ne nous paraissent pas tenir suffisamment compte des mots *et æquum erat ;* peu importe d'ailleurs à notre thèse.

[2] *Comm.* III. 98.

généralement acceptées; mais elles sont alors l'expression la plus vraie de la civilisation.

Après le siècle des Antonins, il n'en est pas de plus fécond en grands jurisconsultes que celui de Septime et d'Alexandre Sévère, la première moitié du troisième siècle de l'ère chrétienne.

Sous Septime Sévère nous trouvons Papinien, qui, d'après les empereurs Théodose et Valentinien, l'emporte sur tous les autres; sous Alexandre Sévère, Ulpien et Paul; tous les trois, à leur époque, préfets du prétoire.

Si nous suivions rigoureusement l'ordre chronologique, nous devrions parler d'abord de Papinien; mais ses principes philosophiques ne sont pas aussi nettement dessinés: son système n'est ni aussi complet ni aussi bien arrêté que celui d'Ulpien; il nous a paru, d'ailleurs, exprimer un progrès par rapport à celui-ci. C'est donc d'Ulpien que nous nous occuperons après Gaïus; on comprendra mieux, en les voyant ainsi rapprochés, les différences des deux systèmes.

§ II. — Ulpien.

Je n'ai point à raconter ici comment Ulpien, en sa qualité de préfet du prétoire, fut mêlé à la persécution contre les chrétiens. Quelque influence que la position d'un homme puisse exercer sur ses idées, elle ne nous paraît pas en ceci assez bien démontrée, pour que nous nous y arrêtions. Il mourut vers l'an 228.

Nous n'avons pas d'ouvrage complet d'Ulpien comme de Gaïus. Ses *Fragments* sont fort utiles pour l'histoire du droit, mais ne peuvent être pour nous que d'un faible secours. Nous devrons donc recourir aux textes que nous a conservés Justinien, et qui sont fort nombreux, fort importants, il faut le reconnaître.

Voici comment procède Ulpien, et quelles sont les bases de son système.

Dans la loi première, au Digeste, *De justitia et jure*, fragment tiré du premier livre de ses Institutes, car il avait, comme presque tous les jurisconsultes, composé un livre élémentaire, il pose les notions préliminaires que doit avoir celui qui veut étudier la jurisprudence. Ainsi, il donne d'abord l'étymologie du mot droit, *jus*, qu'il fait dériver de *justitia*. Le contraire serait plus vrai. Il définit ensuite la science du droit, qu'il appelle, avec Celsus, *ars æqui et boni*. Or, Celsus était un des chefs des Proculéiens, ce qui ne signifie pas, bien entendu, qu'Ulpien fût attaché à cette secte de jurisconsultes ; il suivait tantôt ses principes, et tantôt ceux de la secte rivale, celle des Sabiniens. Nous verrons plus tard, d'ailleurs, si les divisions d'Ulpien s'accordent avec cette première définition.

Quelques mots encore sur les définitions que donne Ulpien de la justice et de la jurisprudence.

Justitia, dit-il, *est constans et perpetua voluntas jus suum cuique tribuendi*. C'est encore à lui qu'appartient la célèbre définition de la jurisprudence : *Jurisprudentia est divinarum atque humanarum rerum notitia, justi et injusti scientia*.

Ces deux définitions, empruntées à un autre ouvrage d'Ulpien, sentent le stoïcien, comme disaient les anciens commentateurs ; mais elles étaient alors tellement répandues et si généralement adoptées, que nous ne saurions trouver dans leur reproduction, de la part de notre jurisconsulte, une preuve suffisante de son stoïcisme.

Je reprends l'ordre suivi par Ulpien dans son exposition, interrompu par ces deux définitions. Après avoir défini le droit, il trace un admirable tableau des fonctions du jurisconsulte, sur lequel nous reviendrons plus tard, et passe à la division du droit qu'il distingue en droit public, *quod ad statum rei romanæ pertinet*, et en droit privé, *quod ad singulorum utilitatem; sunt enim quædam publice utilia, quædam privatim*. C'est l'utilité qui fait la base de cette première division : les choses utiles à tous sont du droit public; les choses utiles à chacun sont du droit privé.—Parmi les premières sont compris les choses sacrées, les prêtres, les magistrats.

Le droit privé se compose, toujours d'après Ulpien, de préceptes empruntés au droit naturel, au droit des gens, au droit civil.

Cette division tripartite est de la plus haute importance: elle est la clef du système de notre jurisconsulte, et, dans l'explication de ses fragments, ne doit jamais être perdue de vue; d'autant plus qu'Ulpien lui reste partout fidèle, et ne confond jamais, comme Gaïus, le droit naturel, tel qu'il le conçoit et le nomme, avec le droit des gens.

Cela posé, examinons successivement ce qu'il entend par droit naturel, droit des gens, droit civil.

Le droit naturel a pour base la *nature* sensible, l'instinct commun aux hommes et aux animaux, *quod natura omnia animalia docuit*. Mais les animaux sont-ils capables de droit? s'est-on demandé. Les stoïciens le nient de la manière la plus formelle : *Soli enim ratione utentes*, disent-ils d'après Cicéron, *natura ac lege vivunt* [1]; de même qu'ils repoussent toute communauté de droit entre les hommes et les autres animaux : *Homini nihil juris esse cum bestiis* [2]. Mais

[1] Cicero, *De natura deorum*.
[2] Voir plus haut, et *Diogène Laerce*. liv. VII, 320. Je cite la traduction

Ulpien affirme d'une manière non moins précise et formelle, qu'ils en sont capables; qu'un tel droit n'est point le privilége de l'humanité, mais qu'il est commun à tous les animaux qui vivent sur la terre, dans la mer, aux oiseaux même : *Nam jus istud non humani generis proprium, sed omnium animalium quæ in terra, quæ in mari nascuntur, avium quoque commune est.* Et, après avoir énuméré quelques institutions qu'il prétend appartenir à ce droit, il ajoute, revenant sur sa pensée, y insistant comme à dessein : *Videmus etenim cætera quoque animalia, feras etiam, istius juris perita censeri.* Il serait difficile, on doit le reconnaître, de trouver des propositions plus opposées, plus contradictoires que celles de Chrysippe et d'Ulpien; et si l'on remarque que ce que dit ici ce jurisconsulte n'est point dit incidemment, en passant, mais forme la base de son système tripartite, on pourra en conclure qu'Ulpien n'était point stoïcien. Mais poursuivons.

Que comprend ce droit naturel?

D'abord l'union de sexes, *conjunctio maris et feminæ;* la procréation des enfants, *liberorum procreatio;* leur éducation, *educatio;* toutes lois communes aux hommes et aux animaux.

La *liberté,* — *utpote cum jure naturali omnes liberi nascerentur,* — que Florentinus, jurisconsulte de la même époque, et non du commencement de l'empire, appelle une faculté naturelle, *naturalis facultas,* en même temps qu'il flétrit

latine : « Placet quoque ipsis, nihil nobis juris esse cum cæteris animantibus, propter dissimilitudinem; quod et Chrysippus, in primo de justitia, et Possidonius, in primo de officiis, tradiderunt. » Et Cicéron, *De finibus,* III, 19 : « Et quomodo hominum inter homines juris esse vincula putant, sic homini nihil juris esse cum bestiis. Præclare enim Chrysippus : cætera nata esse hominum causa et deorum, et communitatis et societatis suæ : ut bestiis homines uti ad utilitatem suam possint sine injuria. »

la servitude du nom d'institution contraire à la nature : *servitus est constitutio juris gentium... qua quis dominio alieno contra naturam subjicitur*[1]. Mais cette liberté émanant d'un droit commun aux hommes et aux autres animaux leur est commune nécessairement aussi. Il ne s'agit point ici, en effet, de cette noble faculté morale propre à l'homme, et qui l'élève au-dessus des brutes, mais de la simple liberté physique. Pour admettre une autre explication et voir, dans cette opinion de l'un ou l'autre jurisconsulte, une protestation contre l'esclavage, une recon-

[1] L. 4, D., *De statu hominum*. Nous ne saurions passer ici sous silence une dissertation de C. F. Walch, *De Florentini philosophia*, où il soutient que Florentin était stoïcien. Ses preuves sont tirées de notre loi 4, de la loi 3, *De justitia et jure*, et de la loi 4, *De acquirendo rerum dominio* : de la première, parce que Florentinus définit la servitude de manière à faire supposer qu'il était né pauvre, et par suite stoïcien ; de la seconde, parce qu'il reconnait une sorte de parenté entre les hommes ; de la troisième enfin, parce qu'il attribue aux animaux la faculté de sentir, quelque chose de commun avec l'homme. Il n'est pas nécessaire de remarquer que ces arguments ne prouvent rien, ou prouvent le contraire de ce que soutient Walch ; jamais les stoïciens n'ont soutenu que la servitude fût contre nature ; jamais ils n'ont reconnu le droit de parenté entre tous les hommes ; jamais ils n'ont admis quelque chose de commun entre les hommes et les animaux. Mais Ulpien admet tout cela dans son système, ce qui prouve que Florentin adopte le système d'Ulpien. C'est en effet la nature, d'après l'un et l'autre (et ce mot doit être remarqué, car il exprime la nature physique, ce n'est pas la *naturalis ratio*), qui donne le droit de défense avec la vie, qui établit une sorte de parenté entre les hommes, et qui ne veut pas que des êtres de même espèce, hommes ou animaux, s'entre-déchirent ; c'est elle enfin qui leur donne quelque chose de semblable. Ce qui prouve d'ailleurs que Florentin suit Ulpien, c'est la distinction qu'il fait dans le frag. 4, *De statu hominum*, entre le droit naturel et le droit des gens, distinction qui n'existe et qui n'est possible que dans le système d'Ulpien. — Cette distinction se trouve encore reproduite dans un fragment de Tryphoninus, L. 64, D., *De condictione indebiti* : « Ut enim libertas naturali jure continetur, et dominatio ex gentium jure introducta est... » Ce qui prouve encore que le système d'Ulpien n'est pas une singularité dans le droit romain, et qu'il eut plusieurs disciples qui l'addotèrent.

naissance solennelle des droits de l'humanité, il faut laisser complétement de côté l'ensemble du système d'Ulpien, sa terminologie, et commettre un anachronisme de seize siècles.

L'égalité : — *Et cum uno naturali nomine homines appellarentur.* Et ailleurs : « Quod attinct ad jus civile servi pro nullis habentur, non tamen *jure naturali,* quia quod ad *jus naturale* attinct, *omnes homines æquales sunt*[1]. » Qu'on ne s'y méprenne pas, je le répète ; ce n'est point aux yeux de la raison que tous les hommes sont égaux et libres, d'après Ulpien, mais par leur nature physique.

En insistant là-dessus, notre but n'est pas, on le comprend, d'affaiblir ou d'obscurcir ces nobles droits de l'homme, existant dès le principe, mais proclamés par le christianisme seul, et pratiqués d'hier seulement dans la société ; ce serait, à notre tour, commettre cet anachronisme que nous reprochions à d'autres ; mais nous mettons en pratique notre épigraphe, en ne voulant pas qu'on fasse honneur aux jurisconsultes romains d'idées qui ne furent pas, qui ne purent être les leurs.

Le droit de défense personnelle. « Vim vi repellere licere Cassius scribit ; idque jus *natura* comparatur[2]. » Tous les jurisconsultes reconnaissent d'ailleurs ce droit ; seulement chacun, d'après son système, lui attribue une origine différente. Ainsi, Ulpien le fait dériver de la *nature,* et, par suite, de ce qu'il appelle droit naturel ; Gaïus lui donne pour principe la *naturalis ratio ;* « nam adversus periculum (dit-il) *naturalis ratio* permittit se defendere », et le fait

---

[1] L. 32, D., *De regulis juris,* et L. 12, D., *De accusationibus,* Venuleius Saturninus.

[2] L. 1. D., § 27, D., *De ri et ri armata.* Voy. aussi L. 3. D., *De justitia et jure.*

naitre du droit des gens [1]. Paul, qui n'est attaché de préfé-
rence aux idées d'aucun d'eux, s'exprime d'une manière
plus large : « Vim vi repellere (dit-il), *omnes leges omniaque
jura* permittunt [2]. » On peut juger par ce seul exemple de
l'influence des opinions philosophiques de chaque jurisconsulte, sinon sur la décision juridique, au moins sur la manière de l'expliquer. Revenons à Ulpien.

Ulpien, en admettant ce droit de nature, admet aussi dans
la vie de l'humanité une période primitive qui lui correspond, c'est-à-dire, et pour parler avec les modernes, un état
de nature anté-social, où tous les hommes étaient libres,
indépendants, égaux, sans distinctions ni priviléges autres
que ceux de la force, état semblable à celui des brutes, soumises d'ailleurs aux mêmes lois [3].

Mais à cet état de nature, toujours selon Ulpien, succède
pour l'homme un autre état, l'état social, auquel correspond un nouveau droit, le droit des gens, qu'il définit :
celui dont usent les nations, les sociétés humaines, et qui se
distingue du droit naturel, en ce que celui-ci est commun
aux hommes et aux animaux, tandis que celui-là est commun aux hommes seuls ; car les hommes seuls sont capables de faire entre eux des conventions qui modifient le droit
de nature. C'est dans cet état, et sous l'empire de ce droit

---

[1] L. 4, D., *Ad legem Aquiliam.*

[2] L. 45, D., *Ad legem Aquiliam.*

[3] L'existence de cette période, de cet état, selon Ulpien, nous parait démontrée par les mots : *Utpote cum jure naturali... cum uno nomine...
postea quam...* « Quæ res a jure gentium originem sumpsit ; *utpote cum jure*
naturali omnes homines liberi nascerentur, nec esset nota manumissio, cum
servitus esset incognita. Sed *postea quam* jure gentium servitus invasit, secutum est beneficium manumissionis ; et cum uno naturali nomine homines appellarentur, jure gentium tria esse cœperunt...» L. 4, D., *De justitia
et jure.*

des gens, que naissent la servitude et les distinctions entre les hommes, qui en sont la conséquence; et, d'après Hermogénien [1] (dont nous croyons pouvoir, sans être infidèle à notre système, joindre ici le fragment à celui d'Ulpien, parce qu'il le complète), que les guerres ont été introduites entre les hommes, que les nations ont été distinguées les unes des autres, que les États se sont formés, que la propriété a été établie, que des termes ou bornes ont été posés aux champs, que les maisons ont été construites; que sont nés le commerce, la vente, le louage et les autres contrats, sauf quelques-uns introduits par le droit civil : toutes choses qui ont été établies pour l'utilité des hommes et qui reposent sur leurs conventions.

Le droit civil n'est que la restriction ou l'extension du droit naturel ou des gens, l'un ou l'autre modifiés selon les mœurs et les besoins de chaque peuple. « Jus civile est quod neque in totum a naturali, vel gentium recedit, nec per omnia ei servit ; itaque cum aliquid addimus vel detrahimus juri communi, *jus proprium, id est civile* facimus [2]. » Ni l'un ni l'autre n'est donc immuable, comme le prétend Gaïus.

Il est impossible de ne pas reconnaître, dans le système tripartite d'Ulpien, l'influence de la philosophie ; un jurisconsulte philosophe seul a pu le concevoir ; mais à quelle secte, à quelle doctrine philosophique en a-t-il emprunté les principes? Ce n'est point au stoïcisme dont les dogmes lui sont directement opposés, nous l'avons démontré ; mais le stoïcisme n'était pas la seule doctrine florissante à Rome à cette époque. Depuis longtemps, l'épicuréisme y comptait de nombreux adeptes dans toutes les classes de la société,

[1] L. 5, D., *De justitia et jure.*
[2] L. 6, D., *ibidem.*

mais surtout parmi les hommes haut placés, jurisconsultes,
historiens, poëtes, hommes d'état [1]. Ceux auxquels répu-
gnait la philosophie de Zénon, et qui ne voulaient ou ne pou-
vaient pas encore s'élever jusqu'à la sublimité de celle du
Christ, se réfugiaient dans l'épicuréisme, dont les dogmes et
la morale douce et facile convenaient parfaitement à la disposition des esprits à cette époque. Aussi, et c'est un fait bien
digne de remarque, tandis que toutes les anciennes doctrines philosophiques subissaient des altérations profondes,
presque une véritable transformation, celle d'Épicure fut
conservée dans sa pureté primitive par tous ses disciples [2] :
mais aussi parmi ces derniers, quoiqu'ils fussent très-nom-
breux à Rome, n'en trouve-t-on qu'un très-petit nombre,
surtout au deuxième et au troisième siècle de notre ère, dont
le nom soit parvenu jusqu'à nous. S'ils ne changèrent rien à
la doctrine du maître, pourquoi l'aurait-on conservé? On
en cite cependant quelques-uns, tels que Celse, contre lequel
écrivit Origène, et Lucien, l'auteur des dialogues.

Or, c'est dans la doctrine d'Épicure, telle qu'elle nous a
été conservée par Lucrèce et par Horace, cet *Epicuri de grege
porcum* [3], comme il s'appelle lui-même, et telle qu'elle a dû
parvenir jusqu'à l'époque où vécut Ulpien, que se retrou-
vent la base et les principes du système de ce jurisconsulte.

Les épicuriens reconnaissent en effet, pour l'homme, un
état anté-social dans lequel il vit de la vie des brutes, est
soumis aux mêmes lois qu'elles, les lois de la nature. Ils ad-

---

[1] Brucker, *Historia critica philosophiæ*, per. I, pars II, lib. II, c. XIII
tom. I.

[2] Brucker *ibidem*, tom. II, pag. 599, 600 et 601 : Illius scholæ perpetua
fuit successio, quæ, cæteris omnibus deficientibus, sola perstitit, perpetuis
vicibus discipulis succedentibus.

[3] *Epistolarum* lib. I., ep. IV, v. 16.

mettent aussi qu'à cette période en succède une seconde où
les besoins rapprochent les hommes, où les hommes se réu-
nissent en sociétés, où ils se donnent des lois, qui ont pour
principe et pour base leur utilité seule [1]. Ces lois, reposant
sur des conventions que les hommes seuls peuvent faire, leur
sont propres et ne leur sont point communes, comme celles
de la nature, avec les autres animaux entre lesquels et vis-
à-vis desquels de tels pactes ne sauraient exister [2].

On nous permettra de transcrire ici un passage d'Horace un
peu long, il est vrai, mais trop important pour être écourté.
Le poëte parle de la doctrine des stoïciens, qui veulent que
tous les péchés soient égaux, et il leur pose cette question :

> ... Quid faciam si furtum fecerit, aut si
> Prodiderit commissa fide, sponsumve negarit?
> Queis paria esse fere placuit peccata, laborant,
> Quum ventum ad verum est : sensus moresque repugnant,
> *Atque ipsa utilitas, justi prope mater et æqui.*
> Quum prorepserunt primis animalia terris,
> Mutum et turpe pecus, glandem atque cubilia propter,
> Unguibus et pugnis, dein fustibus, atque ita porro
> Pugnabant armis, quæ post fabricaverat usus ;
> Donec verba, quibus voces sensusque notarent,
> Nominaque invenere. Dehinc absistere bello,
> Oppida cœperunt munire, et ponere leges:
> Neu quis fur esset, neu latro, neu quis adulter.
> Nam fuit ante Helenam mulier teterrima belli
> Causa; sed ignotis perierunt mortibus illi,

[1] Lucrèce : V, vers 956.

> Nec commune bonum poterant spectare, nec ullis
> Moribus inter se scibant nec legibus uti.

Vers. 1144.

> Nam genus humanum defessum vi, colere ævum
> Ex inimicitiis languebat: quo magis ipsum
> Sponte sua cecidit sub leges, arctaque jura.

[2] Diogène Laerce, Liv. x.

Quos Venerem incertam rapientes, more ferarum
Viribus editior cædebat, ut in grege taurus.
Jura inventa metu injusti fateare necesse est,
Tempora si fastosque velis evolvere mundi :
Nec natura potest justo secernere iniquum ,
Dividit ut bona diversis, fugienda petendis.

Satir., I, 3, v. 94, et Serm. I.)

Ce droit, nous l'avons dit, n'a pas, selon les épicuriens,
d'autre base que l'utilité :

Atque ipsa utilitas, justi prope mater et æqui.

Aussi toutes les vertus qui peuvent être utiles sont-elles
consacrées par eux ; la bienfaisance, qui fait des obligés[1], l'a-
mitié[2]... C'est sur le même principe que repose le système des
peines et des récompenses ; et si la raison, d'après eux, nous
invite à la justice, à l'équité, à la bonne foi, c'est qu'elles
nous procurent cette placidité, ce calme de l'esprit, qui fait le
vrai bonheur, et qu'elles assurent aussi le repos de la société,
d'où dépend le nôtre[3]. Pour conserver cette double tranquil-
lité, ils conseillent de se conformer aux mœurs et aux habitudes des lieux où l'on vit ; et ils arrivent ainsi, mais en partant

---

[1] Diogène Laërce, x.

[2] Cicero, *De finibus*, I, 20 ; II, 26. « Attulisti aliud humanius horum re-
centiorum nunquam dictum ab illo ipso (Epicuro), quod sciam ; primo uti-
litatis causa amicum expeti, cum autem usus accessisset, tum ipsum amari
propter se etiam omissâ spe voluptatis. » Cicéron constate ici une altéra-
tion dans la philosophie d'Epicure, de la part de ses disciples ; mais c'est la
seule, quoi qu'en dise Ritter. Le même Cicéron, III, 20, parle ainsi de la
doctrine stoïque sur ce point : « Minime vero probatur huic disciplinæ de
qua loquor, aut amicitiam aut justitiam propter utilitates adscisci aut pro-
bari... »

[3] Nec facile est placidam ac pacatam degere vitam.

Cui violat factis, communia fœdera, pactis.

Lucrèce, v. v. 1153, et Brucker, tom. 1, pag. 1313.

d'autres principes, à admettre pour la pratique de la vie sociale des préceptes presque les mêmes que ceux des stoïciens, avec cette différence toutefois qu'ils se montrent plus doux envers eux-mêmes et envers les autres [1]. C'est encore l'utilité qui, d'après eux, fait distinguer le droit en droit public et en droit privé, parce qu'il est des choses qui sont utiles au public, d'autres qui le sont seulement aux particuliers [2].

Nous ne croyons pas devoir insister sur l'affinité qui existe entre le système d'Épicure et celui d'Ulpien sur l'origine et les fondements de la société humaine et du droit; elle nous paraît évidente : son explication de la distinction du droit en public et privé semble même littéralement copiée des maximes des épicuriens. Quant à la bienfaisance, quoiqu'il ne la regarde pas comme produisant une utilité estimable à prix d'argent, il la reconnaît utile en ce qu'elle oblige naturellement celui envers qui nous l'avons exercée à nous récompenser de ce que nous avons fait pour lui [3]. Enfin, dans le

[1] Au nombre des vertus dérivant de la justice ou ses auxiliaires, figure pour eux la miséricorde. V. *infrà*.

[2] Brucker, *ubi supra*, 110, et Diogène Laërce, x.

[3] Nec si donaverint locupletiores facti videbuntur, quamvis ad remunerandum sibi aliquem naturaliter obligaverunt. » L. 25, 11, D., *De hœreditatis petitione*. Ce texte, inexplicable au point de vue juridique, car jamais la reconnaissance n'a été considérée comme obligation naturelle dans le sens propre du mot, s'explique parfaitement au point de vue philosophique d'Ulpien. On pourrait peut-être trouver encore quelques preuves de ce point de vue utilitaire sous lequel il envisage les choses, dans les fragments qui nous restent de lui et qui se trouvent au titre *De religiosis et sumptibus funerum*. Ainsi il ne veut pas qu'en ensevelissant les morts, on inhume avec eux des bijoux. *Quod*, dit-il, *homines simpliciores faciunt* (L. xiv, 5). Cette observation ne se référerait-elle pas à ce précepte d'Epicure qui veut que le sage ne s'occupe pas de sa sépulture, parce que tout finit avec la vie? Ailleurs il donne cette raison toute d'utilité et point de religion, que l'*actio funeraria* a été introduite *ne insepulta cadavera jacerent*

fragment[1] dont nous avons déjà parlé, où il trace le portrait du vrai jurisconsulte, il consacre par ces mots : *Bonos non solum metu pœnarum, verum etiam præmiorum spe effi-cere cupientes*, le système des épicuriens. Nul stoïcien, as-surément, ne les eût écrits, car pour lui, le bien et le mal doivent être recherchés ou évités non en vue des récom-penses et des peines, mais pour eux-mêmes. Il n'est pas même jusqu'aux derniers mots de ce fragment qui ne prou-vent qu'Ulpien n'est point stoïcien : *Veram, nisi fallor*, dit-il des jurisconsultes, *non simulatam philosophiam affec-tantes*; en parlant, en effet, de cette *philosophia simulata*, il fait allusion aux reproches d'affectation et d'hypocrisie qu'on adressait alors aux disciples dégénérés de Zénon[2]. Comme ses maîtres aussi, nous le verrons bientôt, il se mon-tre plus libéral, plus doux envers les esclaves[3], que Gaïus et les stoïciens.

Ainsi, que l'on considère son système naturaliste et sa ten-dance utilitaire, que l'on considère plusieurs de ses déci-sions avec leurs motifs, tout, même son peu de sympathie pour les stoïciens et les sarcasmes dont il les poursuivait[4],

---

(XII, 3). Mais il ne faut pas trop exagérer en ceci, parce que, dans d'au-tres passages, il semble ne plus être aussi exclusivement utilitaire.

[1] L. 1, D., *De Justitia et jure.*

[2] Voir ce que dit à ce sujet Ritter (tom. IV, pag. 165-166), de Musonius Rufus qui affectait dans son costume, ses habitudes et ses manières quelque chose d'étrange, pour vivre, selon le stoïcisme, conformément à la nature; et Brucker, *Historia critica philosophiæ*, tom. II, par. II, pars I, lib. I, cap. I et II, sect. VII, surtout § 15.

[3] « Nec in servos nimis animadversurum, miserius tamen et veniam bo-norum cuidam tributurum. » Diogène Laërce, X, 275, et Brucker, tom. I, p. 1309. 67, L. 24, *Soluto matrimonio*; et 2, D., *De statu hominum*, V.

[4] 6, 7, D., *De injusto rupto irritoce...* Voir *infrà*, et la manière dont il parle des philosophes et de la philosophie, comparée à celle dont il parle

nous révèle en lui un épicurien. En se reportant à l'époque où il vivait (il fut presque contemporain de Lucien), et en considérant l'influence dont jouissait encore la philosophie d'Épicure, on ne verra là rien d'extraordinaire, quelque nouvelle que paraisse notre opinion.

On nous opposera peut-être des fragments où Ulpien reproduit quelque définition stoïcienne, tels que le fragment 10, D. *De justitia et jure*, où il définit la justice, la jurisprudence, et énumère les trois préceptes de droit...

Tout cela, fût-il vraiment stoïcien, ne prouverait nullement qu'Ulpien le fut aussi; car on doit plutôt juger de ses idées par l'ensemble d'un système, surtout d'un système qui lui est propre, que par quelques définitions, comme tombées alors dans le domaine public de la jurisprudence, parce qu'elles étaient généralement admises par les jurisconsultes; mais on peut soutenir, avec quelque fondement, que tout cela n'est point propre au stoïcisme. Ainsi, si l'on rapproche la définition de la jurisprudence de ce que dit Ulpien du droit public qui consiste *in sacris, in sacerdotibus.....* [1], on ne trouvera point à ces mots *rerum divinarum*, cette portée ambitieuse qui la faisait tenir au stoïcisme en l'assimilant complétement à la philosophie. De même, si l'on recherche attentivement le sens vrai de chacun des trois préceptes de droit, on reconnaîtra qu'ils appartiennent aussi bien à la morale d'Épicure qu'à celle de Chrysippe.

Ainsi le premier, *honeste vivere*, ne signifie pas, d'après les jurisconsultes, conformer sa vie aux prescriptions de la

---

de la *civilis prudentia*, qu'il appelle *res sanctissima*. L. 1, D., *De extraordinariis cognit.*

[1] L. 1, D., *De justitia et jure.*

morale, mais seulement la conformer aux mœurs publiques. C'est en ce sens que les jurisconsultes romains entendaient l'*honestas publica* [1]; or, nous l'avons dit, ce précepte formait une des maximes des épicuriens [2].

Le second, *alterum non lædere*, littéralement, ne pas attaquer autrui dans sa personne, dans ses biens, dans ce qui est à lui enfin. Et le troisième, *suum cuique tribuere*, rendre à chacun ce qui lui est dû ou ce qui lui appartient par les lois, sont deux préceptes aussi bien épicuriens que stoïciens, car Épicure recommandait aussi à ses disciples de ne pas nuire à autrui [3].

Il ne nous serait assurément pas difficile, après avoir rattaché le système d'Ulpien à la doctrine d'Épicure, de montrer que ce système a eu des partisans parmi les publicistes modernes, qui ont admis aussi un état de nature anté-social, et pour fondement du droit l'utilité seule, ou les conventions entre les hommes. Mais nous croyons qu'il est inutile d'insister sur ce point, et qu'il convient mieux à notre sujet de montrer les conséquences juridiques du système d'Ulpien.

Qu'on ne pense pas, en effet, avec quelques commentateurs ou historiens du droit romain [4], qu'un tel système est purement philosophique et n'a pas de conséquences pratiques ; que c'est une singularité [5], un hors-d'œuvre dans le droit romain. Ces conséquences se révèlent par rap-

---

[1] L. 42, D., *De ritu nuptiarum*, 197 et 144. D., *De regulis juris*. Paul, *Sentent.*, v. 4, 20.

[2] Diogène Laërce, x, où il dit qu'on ne peut vivre heureux qu'en vivant *prudemment* et *honnêtement*, c'est-à-dire selon les convenances.

[3] *Idem, ibidem.*

[4] Savigny, *System des heutigen römischen rechts*, l. 1, 413.

[5] Voir *suprà*, page 342, note 1. où nous avons prouvé que d'autres jurisconsultes ont suivi le système d'Ulpien.

port aux esclaves; car Ulpien accorde à l'esclave tous les droits de la nature, en lui refusant ceux qui dérivent du droit civil.

« *Quod attinet ad jus civile, servi pro nullis habentur ; non tamen et jure naturali, quia quod ad jus naturale attinet omnes homines æquales sunt* [1] ». Aussi, tout en comparant l'esclavage à la mort [2], au point de vue du droit civil, admet-il pour l'esclave la vie physique et la jouissance de certains droits qui lui sont attachés.

Ainsi, il lui reconnaît, outre les droits énumérés ci-dessus, celui de parenté naturelle dérivant du *contubernium* [3]. Ce droit, douteux, à ce qu'il paraît, dans les temps antérieurs, était d'ailleurs généralement admis à cette époque par les jurisconsultes, quoiqu'il ne fût pas reconnu par les lois. Mais en vertu de ce droit de la nature, il ne considère pour l'enfant de l'esclave que le moment de la naissance, et non celui de la conception, la maxime qui répute né l'enfant seulement conçu étant du droit civil, qu'on ne peut lui appliquer [4].

Il lui reconnaît encore le droit d'obliger les autres naturellement vis-à-vis de lui et de s'obliger à leur égard : *Ex contractibus quidem civiliter non obligantur ; sed naturaliter et obligantur et obligant* [5]. L'esclave, en effet, si l'on considère

---

[1] L. 32, D., *De regulis juris*, et L. 22, D., *ibidem*.

[2] Servitutem mortalitati ferè comparamus (L. 209, D., *ibid.*), et servitus morti assimilatur. 59, D., *De condit. et demonstrationibus*.

[3] L. 4, § 3, D., *De in jus vocando :* Parentes etiam eos accipi Labeo existimat, qui in servitute liberos susceperunt; et L. 3, D., *De liberali causâ*. Dans le premier de ces deux fragments, il rapporte seulement l'opinion de Labéon, mais dans le second il l'approuve, tout en l'appliquant à un autre cas.

[4] *Fragmenta*, v. 10. Voir aussi la loi 48, 5, D., *De furtis*, combinée avec la loi 10, *De usucapion*.

[5] L. 14, D., *De obligationibus et actionibus :* et Tryphoninus, L. 64, D., *De condictione indebiti*.

sa nature seule, est aussi capable de faire des conventions qu'un homme libre, et c'est même là ce qui le distingue des animaux, comme disaient les épicuriens.

Ainsi, il lui accorde une réparation pour le dommage qui lui a été causé ou pour les mauvais traitements qu'il a subis, quoiqu'ils n'aient pas été commis, ainsi que l'exige Gaïus, dans l'intention de nuire au maître : *Si verò non ad suggilationem domini id fecit, ipsi servo facta injuria, inulta à prætore relinqui non debuit; maxime si verberibus vel quæstione fieret*[1]. Mais la raison qu'il en donne mérite d'être remarquée : *hanc enim*, dit-il, *et servum sentire palam est*. Elle n'est point tirée de la dignité humaine, non, mais de la nature physique et sensible de l'esclave : *hanc enim et servum sentire palam est*; raison parfaitement en rapport avec le système général de notre jurisconsulte, et bien digne d'un épicurien. Et s'il accorde au maître, non à l'esclave, bien entendu, l'*actio injuriarum* pour des faits autres que des *mauvais* traitements physiques, c'est à cause du dommage que la dépréciation de l'esclave peut causer au maître[2]. Toutefois, il faut bien le reconnaître, il accorde plus facilement cette action que Gaïus[3].

C'est encore en vertu du même droit de la nature qu'il accorde à l'esclave le droit de sévir sur son corps : *licet enim etiam servis naturaliter in corpus suum sævire*[4]. Mais l'esclave peut-il se suicider ? Oui, d'après le principe précédent, aux yeux du droit naturel. Mais voici quel était, au point de vue du droit civil, l'intérêt de la question :

---

[1] L. 15, § 35, D., *De injuriis et famosis libellis*.

[2] L. 15, *ubi supra*, 44.

[3] Ainsi il l'accorde si l'on a seulement frappe l'esclave du poing; interprétant largement le mot *verberare* de l'édit, auquel s'en tient strictement Gaius qui, nous l'avons déjà vu, la refuse. Même loi, 40. V. *infra*.

[4] L. 9, 7, D., *De peculio*.

Les stoïciens admettaient, comme chacun sait, le suicide ; exaltaient le courage de l'homme qui, fatigué de la vie, l'abandonnait volontairement [1]. Le fondateur du stoïcisme et ses plus illustres disciples chez les Romains en avaient donné l'exemple.

Aussi les jurisconsultes romains, les empereurs eux-mêmes, imbus de ces maximes, sinon directement, du moins parce qu'elles étaient comme passées dans les mœurs, ne faisaient-ils nulle difficulté d'en reconnaître la légitimité, pourvu toutefois que le suicide n'eût pas lieu pour éviter une peine.

On distinguait, en effet, entre celui qui se suicidait en vue d'une condamnation imminente, et qui par sa mort même se reconnaissait coupable, et celui qui se donnait la mort en philosophe. Le premier encourait la confiscation de ses biens, et son testament devenait inutile. Le second, au contraire, mourait dans l'intégrité de ses droits.

Cette distinction, admise par Hadrien pour les militaires, par Antonin pour tous les citoyens [2], est consacrée par Ulpien dans le passage suivant [3] : « Nam eorum qui mori magis quam damnari maluerint ob conscientiam criminis, testamenta irrita constituuntur ; quod si quis tædio vitæ, vel valetudinis adversæ impatientiâ, vel *jactatione ut quidam philosophi* mortem sibi consciverint, in ea causa sunt, ut testamenta eorum valeant. » De ce passage, qui reproduit un point de législation, et surtout de ce qu'il dit de peu

---

[1] « At sæpe officium est sapientis discedere à vita, quum sit beatissimus si id opportune facere possit : quod est convenienter naturæ vivere. » Cicéron, *de finibus bonorum et malorum*, iii, 19. Diogène Laerce, vii, 324. Épictète, *Dissert.*, i, 29 ; iii, 24.

[2] LL. 34, D., *De testamento militis.* 6, § 7, D., *De re militari.* 45, *De jure fisci.* 1, § 23, *De s. c. Silaniano.* 3, *De bonis eorum qui ante sententiam.*

[3] L. 6, § 7. D., *De injusto rupto irritore facto testamento.*

flatteur pour les philosophes, qu'il ait voulu ou non faire allusion à la mort de Pérégrinus, on ne saurait assurément conclure qu'il fût stoïcien.

Quoi qu'il en soit, d'ailleurs, le suicide de l'homme libre était légitime; la philosophie le justifiait, l'exaltait, et la jurisprudence le consacrait. Mais l'esclave n'était pas considéré comme un homme dans la législation; son suicide était-il justifiable? Sans doute une telle question ne pouvait se présenter pour la confiscation de ses biens, s'il s'était rendu coupable de quelque crime; mais l'esclave étant, comme les bêtes de somme, les animaux domestiques auxquels il était assimilé, objet de commerce, on avait admis pour lui comme pour eux des cas de rédhibition, c'est-à-dire que, lorsque l'esclave ou l'animal acheté était atteint d'un vice, dit rédhibitoire, l'acheteur pouvait demander la rescision de la vente et la restitution du prix payé.

Ce n'est point ici le lieu, sans doute, de dérouler le triste tableau des infirmités humaines qui donnent lieu à la rédhibition; on le trouvera dans un titre spécial du Digeste [1], où chacune d'elles est minutieusement établie, discutée dans tous ses détails, où l'homme est à chaque ligne accolé à la brute; tableau affligeant pour la dignité humaine, qu'il est bon pourtant de signaler.

C'est à propos de ces vices rédhibitoires que les jurisconsultes se demandent si le suicide est un cas de rédhibition. Si l'on traite l'esclave comme un homme, on devra faire pour lui dans ce cas la distinction que nous exposions plus haut à propos des condamnés. Elle est faite par Paul [2] qui

---

[1] *De ædilitio edicto et de redhibitione, et quanti minoris*, XXI. 1.

[2] **L. 43, D. § 4.** « Mortis consciscendæ causa sibi facit, qui propter nequitiam malosque mores, flagitiumve aliquod admissum, mortem sibi consciscere voluit: non si, dolorem corporis non sustinendo, id fecerit. »

examine si l'esclave s'est suicidé par méchanceté, par mau-
vaises mœurs, par suite de quelque crime et pour éviter la
peine ; ou s'il s'est suicidé poussé par la douleur à quitter
la vie. Dans le premier cas, il y a lieu à rédhibition ; dans
le second cas, le suicide est justifiable, légitime : elle n'est
point admise.

Mais ce n'est point Ulpien qui assimile ainsi l'esclave à
l'homme en cette circonstance, lui qui proclamait naguère
que, par le droit de nature, tous les hommes sont libres et
égaux. Pour lui, l'esclave qui s'est donné la mort n'a pu avoir,
comme l'homme libre, un noble motif, un motif excusable,
légitime de quitter la vie ; c'est un mauvais esclave dont la
nature perverse et dangereuse s'est révélée par un tel acte[1] :
« *Malus servus* creditus est qui aliquid facit quo magis se
rebus humanis extrahat ; ut puta laqueum torsit, sive me-
dicamentum pro veneno bibit, præcipitemve ex alto mise-
rit, aliudve quid fecerit, quo facto speravit mortem perven-
turam ; *tanquam non nihil in alium ausurus qui hoc adversus se ausus est.* » Et cependant, il déclare ailleurs que
l'esclave, par le droit de nature, peut se blesser, se tuer
même. Il est vrai que la question juridique n'est plus ici
la même[2] ; mais la philosophie d'Ulpien, son humanité

[1] L. 23, § 3, D. *ibid.*

[2] L. 9, § 7, *De peculio.* — Nous reproduisons ici en entier le texte de ce
paragraphe : « Si ipse servus sese vulneravit, non debet suo damnum dedu-
cere (dominus) : non magis quam si se occiderit vel præcipitaverit ; licet
enim etiam servis naturaliter in corpus suum sævire. » Il s'agissait dans ce cas
de savoir si le maître pourrait retenir ou prélever sur le pécule, à l'encon-
tre des créanciers, la valeur du dommage que, par un semblable fait, l'esclave lui aurait causé ; et le jurisconsulte répond négativement, parce que,
quoique l'esclave ait causé un dommage à son maître en diminuant ou même
en anéantissant complètement sa valeur par rapport à lui, comme il était
maître de son corps par le droit naturel, on ne peut considérer le préjudice
qu'il cause par là au maître, comme semblable à celui qu'il lui aurait

même à l'égard des esclaves, n'ont rien de digne et d'élevé, comme nous l'avons déjà remarqué à l'occasion d'autres textes; et si l'on trouve dans ses fragments quelques décisions plus bienveillantes que celles de Gaïus, elles sont inspirées par un naturalisme grossier qui afflige, qui blesse notre dignité humaine. Aussi, tout en reconnaissant qu'il y a progrès de Gaïus à Ulpien, ne saurions-nous l'attribuer à l'influence toujours croissante de cette morale et de cette philosophie sublimes qui seules devaient relever l'humanité, et ne pouvons-nous découvrir ici que l'influence de la doctrine d'Épicure, qui se révèle d'ailleurs par les appels fréquents, presque continus que fait le jurisconsulte *à la nature*; doctrine plus douce, on le sait, en ce point comme en tous les autres, que celle de Zénon.

§ III. — Papinien et Paul.

Nous réunissons ici ces deux jurisconsultes, parce qu'ils nous ont paru avoir à peu près le même système philosophique, et que Paul peut, avec quelque raison, être associé à Papinien dont il fut l'assesseur, et sur les ouvrages duquel il composa des notes pour l'expliquer ou le combattre, peu importe. En présence, d'ailleurs, du petit nombre de fragments relatifs à notre sujet qui nous restent de ces deux jurisconsultes, cette réunion nous a paru nécessaire. En les complétant ainsi l'un par l'autre, on peut avoir une idée assez exacte de leur opinion sur les fondements du droit et de leurs tendances philosophiques; ce qui serait impossible si on les considérait isolément.

causé par la diminution de ses autres biens... Ulpien semble également se contredire dans un autre passage où, parlant de l'action de la loi Aquilia, il dit : « Liber homo utilem Aquiliæ habet actionem; directam autem non habet, quoniam dominus membrorum suorum nemo videtur. » L. 13, D. *Ad legem Aquiliam*. Mais ici encore l'hypothèse n'est plus la même.

Leur système, peut-être moins philosophique que celui de Gaïus et que celui d'Ulpien, se distingue d'eux assez nettement : ce n'est ni le rationalisme de l'un, ni le naturalisme de l'autre. Ainsi, Paul et Papinien assignent pour fondement au droit, l'*Équité*.

Paul définit le droit naturel : ce qui est toujours équitable, toujours bon ; *quod semper æquum et bonum est, jus dicitur ; ut est jus naturale* [1] ; et Papinien, parlant de l'obligation naturelle, dit qu'elle a pour base le lien d'équité [2].

Paul confond d'ailleurs le droit naturel et le droit des gens, il ne les distingue point l'un de l'autre comme Ulpien. *Is natura debet*, dit-il, *quem jure gentium dare oportet* [3].

Quant au droit civil, c'est celui qui, dans une cité, est établi dans l'intérêt de tous les citoyens ou de plusieurs seulement : *Quod omnibus aut pluribus in quaque civitate utile est, ut est jus civile* [4].

En toutes choses, mais surtout dans le droit, dit Paul, il faut considérer l'équité [5] : *In omnibus, maxime tamen in jure, æquitas semper spectanda est.* C'est elle qui supplée le droit écrit et qui doit en tempérer la rigueur [6].

Prenant l'équité pour base de leurs décisions, ces deux jurisconsultes se montrent moins rigoureux dans l'exercice du droit que les stoïciens. Ils inclinent toujours vers la déci-

---

[1] L. 11, D., *De justitia et jure.*

[2] L. 95, 4, D., *De solutionibus.*

[3] L. 84, D., *De regulis juris.*

[4] L. 11, D., *De justitia et jure.*

[5] L. 90, D., *De regulis juris.*

[6] Papinien : Quod legibus omissum est non omittetur religione judicantium. L. 13, D., *De testibus.—Hæc æquitas suggerit, etsi jure deficiatur.* Paul., L. 2, 5, D., *De aquâ et aquæ pluviæ.—* Quoties æquitas, aut desiderii naturalis ratio, aut dubitatio juris moratur, justis decretis res temperanda est. L. 85, 2, D., *De regulis juris.* Paul.

sion la plus bienveillante : *Rapienda occasio est quæ præbet benignius responsum*, s'écrie Paul, peignant par ces expressions la tendance de son esprit [1].

Aussi se montre-t-il plus favorable à la liberté : la liberté, cette chose inestimable, comme il l'appelle [2] ; plus doux, plus humain envers les esclaves.

Ainsi, il leur reconnaît, comme Papinien lui-même, quelque chose de la dignité humaine. Et, tandis que l'un déclare que l'esclave peut avoir les mêmes sentiments que l'homme libre [3], l'autre s'exprime ainsi à son égard : *Cum beneficio adfici hominem hominis intersit* [4]. Belle maxime assurément lorsqu'on l'applique entre hommes libres, mais plus belle encore lorsqu'on l'applique de l'homme libre à l'esclave ; car, en même temps qu'elle renferme un sentiment généreux, elle renferme une pensée libérale d'égalité.

Ainsi encore, Paul décide, contrairement à Ulpien et à Gaïus, que l'enfant conçu d'une mère libre, mais né d'une mère esclave, ou d'une mère même esclave à ces deux époques, mais libre un seul moment de la grossesse, a droit à la liberté : *media enim tempora libertati prodesse, non etiam nocere possunt* [5].

Il admet pour l'esclave une parenté, une affinité naturelles, qui produisent pour lui les mêmes conséquences que pour l'homme libre, des empêchements de mariage [6].

---

[1] L. 168, D., *De regulis juris*, et L. 155, *ibid.* : In pœnalibus causis benignius interpretandum.

[2] LL. 106, 176, 1 ; 179, D., *De regulis juris*, et *Sent.*, lib. v, 1, 1.

[3] *Ubi suprà*, page 356 et note 2.

[4] L. 7, D., *De servis exportandis*. Quod si, ne pœnæ causa exportaretur convenit, etiam *affectionis ratione* recte agetur. Nec videntur hæc inter se contraria, *cum beneficio adfici hominem hominis intersit*.

[5] Pauli *Sentent.*, ii, 24. 1 ; et Marcien, L. 5, D., *De statu hominum*.

[6] L. 14, *De ritu nuptiarum*.

L'inceste est d'ailleurs pour Paul, comme pour Papinien, un crime contre le droit des gens, ou contre le droit naturel, qui n'admet pas pour excuse l'ignorance de droit [1].

Mais ils ne soumettent pas aux peines de la loi Julia la violation du *contubernium* comme celle du mariage. La législation ne le permettait pas, elle n'accordait l'action en accusation d'adultère qu'à l'homme libre. Toutefois, l'adultère peut donner lieu, en faveur de l'esclave, à une action er dommages (*legis Aquiliæ* ou *injuriarum*) [2].

Paul reconnaît aussi à l'esclave le droit de s'obliger ou d'obliger naturellement les autres vis-à-vis de lui. Il lui accorde ainsi, comme cela résulte également de ce qui précède, la communication du droit des gens, ne lui refusant, à peu près, que ce qui est du droit civil. C'est en ce sens qu'il dit : *Servile caput nullum jus habet ; ideo nec minui potest* [3].

Enfin, ce qui nous paraît surtout remarquable dans les opinions de nos deux jurisconsultes, c'est qu'étant plus humains, ils sont en même temps plus moraux, plus religieux.

Nous rappellerons, à ce sujet, ce beau fragment de Papinien : « Quæ facta lædunt pietatem, existimationem, verecundiam nostram et, ut generaliter dixerim, contra bonos mores fiunt; nec facere nos posse credendum est [4] »; et la distinction que fait Paul entre le licite et l'honnête.

S'agit-il du droit qu'on a d'ensevelir un mort dans un lieu qui nous appartient en commun avec un autre, voici comment Papinien s'exprime pour le lui accorder : « Nam, præter publicam utilitatem, ne insepulta cadavera jacerent, strictam rationem insuper habemus, quæ nunquam in am—

---

[1] L. ult., D., *De ritu nuptiarum.* 38, 2, D., *Ad legem Juliam.* 5, D., *De condictione sine causâ.*

[2] Papinien, L. 6, D., *Ad legem Juliam de adulteriis.* Paul. *Sent.*, 11, 26, 16, et 1, 13, 6. L. 24, cod. *Ad legem Juliam.* Dioclétien et Maximien,

[3] L. 8, 1, D., *De capite minutis.*

[4] L. 15, D., *De conditionibus et demonstrationibus.*

liguis religionum quæstionibus omitti solet; *nam summam esse rationem quæ pro religione facit* [1]. »

Nous nous bornerons à cette esquisse de ce que nous avons cru pouvoir appeler le système de nos deux jurisconsultes; non pas que nous ayons voulu dire que les autres ne donnent aucune place à l'équité [2], ni qu'eux-mêmes n'admettent jamais la raison naturelle comme motif de décider [3]; mais seulement que l'équité forme le fond de leur système, la base et le caractère principal de leurs décisions. N'oublions point d'ailleurs que l'un d'eux scella ce système de son sang.

Nous pourrions rattacher aussi par lui Papinien et Paul à quelques-uns de leurs devanciers, notamment à Pomponius, qui se montre aussi partisan de cette équité, humain envers les esclaves, moral, religieux [4]; peut-être même à une secte de jurisconsultes; mais nous préférons ne pas insister sur des points de ressemblance souvent trompeurs, et rechercher si, parmi les doctrines philosophiques alors en crédit à Rome, il n'en est pas quelqu'une dont ils aient subi l'influence.

Leurs tendances équitables, humaines, religieuses sont, incontestablement, celles de leur époque : tendances qui, après avoir transformé le vieux stoïcisme lui-même, devaient influer plus tard sur la jurisprudence et sur la législation.

Existât-il donc quelque rapport entre les tendances de nos jurisconsultes et quelques maximes des nouveaux stoï-

---

[1] L. 43, D., *De religiosis et sumptibus funerum.* Voy. aussi L. 40, où Paul, parlant des tombeaux, dit que le lieu où l'on a enseveli un cadavre ne devient religieux qu'autant qu'on a voulu comme en faire une demeure éternelle.

[2] LL. 21, D., *De interrogationibus.* 1, 1, D., *Si is qui testamento.* 4, 1, *De eo quod certo loco.* Ulpien.

[3] Fr. 7, D., *De bonis damnatorum.* Paul.

[4] L. 14, D., *De condictione indebiti.* L. 8, D., *De ritu nuptiarum.* L. 2, *De justitia et jure.*

ciens, qui n'avaient déjà plus de stoïcien que le nom [1] ; ce
n'est point au stoïcisme que l'on devrait en faire honneur,
mais aux doctrines supérieures qui le pénétraient et l'enva-
hissaient lui-même ; car, pour le stoïcisme proprement dit,
rien n'est plus directement opposé que ses préceptes à la
douceur, à l'humanité, à cette équité plutôt de sentiment
que de raison, qui doit tempérer les rigueurs du droit écrit.
Qu'on en juge, je traduis leurs maximes, que nous a conser-
vées Diogène Laërce [2].

« Il ne faut point être miséricordieux, ni pardonner à
personne ; il faut s'en tenir, pour les châtiments, à ce que
prescrivent les lois, et ne point croire qu'elles sont trop
rigoureuses ; car l'indulgence, la miséricorde, et cette équité
dans les châtiments, qui ressemble à la bonté, ne sont en
réalité dans l'esprit de personne » ; ne sont point approu-
vées par la raison.

Que Sénèque ait cherché plus tard à expliquer ces maximes des maîtres dans un sens moins égoïste et moins odieux ;
il n'était plus dans leur esprit [3]. Épictète, lui-même, ne
prêche-t-il pas, d'ailleurs, l'égoïsme d'une manière qui nous
révolte, lorsqu'il dit que nous ne devons nous soucier que
de nous-mêmes [4] ; parents, enfants, père, patrie, peu importe [5], on doit plutôt songer à son bien qu'à celui d'autrui [6] ;
telle est la vraie sagesse. Toutefois, Épictète veut bien faire
cette concession à nos rapports naturels et sociaux dans le
monde, que de recommander de remplir extérieurement nos

[1] Ritter, *Histoire de la philosophie*, liv. XII, chapitre III (tome IV).
[2] Livre VII, 300.
[3] *De clementia*, II, 6 et 7. On sait dans quel discrédit est tombé Sénèque,
ce déclamateur philosophe plutôt que moraliste sincère.
[4] *Manuel*, 14.
[5] *Dissertat.* I, 15, 22 ; III. 3.
[6] *Manuel*, 21.

devoirs de fils, de frère, de père, de citoyen, tout en conservant nos sentiments de philosophe [1]. C'est une affaire de convenance sociale, et voilà tout. Marc-Aurèle, tout en acceptant, en ceci, la doctrine d'Épictète, veut pourtant qu'on fasse une exception à cette maxime : qu'on ne doit point s'occuper des autres, pour ce qui regarde l'utilité commune et pour ceux qui sont appelés par leur génie à gouverner les autres hommes [2].

Qu'importe, après cela, que l'un et l'autre prescrivent à ce philosophe enveloppé dans son égoïsme, ne considérant que lui seul, rapportant tout à lui, de ne pas faire de mal à son ennemi [3], ou d'avoir de l'indulgence pour ceux qui pèchent [4] ? Leurs maximes ne partent point d'un sentiment de charité indigne du philosophe, mais de celui de la supériorité de son orgueil. C'est ainsi que, fidèles au principe du stoïcisme, ils lui rattachent des préceptes qui ne viennent pas, qui ne peuvent pas venir de lui. Toutefois, il y a en eux une élévation religieuse que nous ne saurions méconnaître. Mais cela doit-il nous suffire pour que nous rangions nos deux jurisconsultes, après cette digression un peu longue, mais qu'on nous pardonnera, nous l'espérons, en faveur du sujet, au nombre des stoïciens sinon anciens, au moins nouveaux ? Non sans doute, car les analogies sont trop peu importantes, et s'expliquent d'ailleurs par d'autres causes que le stoïcisme de Papinien et de Paul.

Ferons-nous alors de nos deux jurisconsultes des épicuriens ? Pas davantage ; car jamais les épicuriens, tout en étant plus modérés, plus doux que les stoïciens, n'ont fait

---

[1] *Dissertat.* III, 2 ; *Manuel*, 32.
[2] Marc Antonin, III, 4, 5 ; IX, 29.
[3] Stob. *Sermon..* XX, 61 ; *Dissert.*, I, 18
[4] *Manuel*, 16.

reposer le droit sur l'équité; cette base adoptée par Paul et Papinien est assurément trop éloignée de l'utilité pour que nous puissions les confondre.

Il ne reste plus que le christianisme qui, par la diffusion de ses doctrines à cette époque, ait pu exercer sur nos jurisconsultes l'influence que nous refusons au stoïcisme et à l'épicuréisme, à moins toutefois qu'on ne veuille les rattacher aux néoplatoniciens, aux éclectiques, qui fleurirent vers cette époque, c'est-à-dire bien avant la naissance de l'école d'Alexandrie [1]. Mais ces philosophes sont en si petit nombre, et leurs travaux ont eu si peu d'importance, surtout en ce qui concerne la morale, que nous ne croyons pas qu'ils aient pu avoir sur les jurisconsultes une influence marquée.

Est-ce à dire pourtant que nous voulions faire de Papinien et de Paul des jurisconsultes chrétiens? Telle n'est point notre pensée; qu'on ne s'y méprenne pas [2]. En reconnaissant l'influence des doctrines morales du christianisme sur nos jurisconsultes, nous ne prétendons pas que cette influence ait été directe; mais seulement que les idées nouvelles, ayant pénétré partout d'une manière presque insensible et latente, devaient avoir pénétré aussi dans la jurisprudence par des jurisconsultes dont elles inclinaient l'esprit vers l'équité, l'humanité, ces jurisconsultes n'étant attachés d'ailleurs à aucune secte philosophique hostile, et

---

[1] Ritter, *Histoire de la philosophie*, liv. XII, chap. IV. Voir aussi Brucker, *ubi suprà*.

[2] C'est en effet dans les Sentences de Paul, qui n'ont point passé, il est vrai, comme les autres ouvrages des jurisconsultes, par les mains de Tribonien, que se trouvent les seuls restes que nous ayons des dispositions légales, sans doute fort nombreuses, contre les religions nouvelles et en particulier le christianisme. « Qui novas et usu vel ratione incognitas religiones inducunt, ex quibus animi hominum moveantur, honestiores deportantur, humiliores capite puniuntur. » V, 21. 2. Voir aussi V, 22. 3.

par suite étant plus disposés à se laisser diriger par un esprit nouveau. Qu'on ne veuille voir là qu'une conséquence naturelle des idées générales de cette époque, on sera toujours à se demander quelle philosophie contribua à les former, et l'on ne saurait trouver une réponse satisfaisante en dehors du christianisme.

Ici se terminent nos recherches sur la philosophie des jurisconsultes romains; car nous n'avons point à nous occuper de quelques-uns d'entre eux, qui vécurent à peu près à la même époque qu'Ulpien et Paul, et qui ne furent que leurs disciples [1]. Nous avons reconnu, dans les différents systèmes de Gaïus, d'Ulpien, de Papinien et de Paul, l'influence successive, sinon simultanée, du stoïcisme, de l'épicuréisme et d'une philosophie tout à la fois plus douce et plus élevée; nous avons pu suivre ainsi la marche et le progrès des idées morales dans la jurisprudence, en rendant à chaque époque, à chaque philosophie, à chaque jurisconsulte les préceptes et les fragments qui lui appartenaient.

Toutefois, il nous paraît que notre étude ne serait pas complète, si nous ne disions quelques mots de la philosophie des jurisconsultes romains depuis Constantin, c'est-à-dire depuis que le christianisme fut proclamé religion de l'empire. Il semble, en effet, que le christianisme qui, à partir de cette époque, a exercé une influence incontestable sur la législation, ait dû l'exercer aussi sur la science du droit. Mais de Constantin à Justinien il n'y a pas de jurisconsulte dans les œuvres duquel nous puissions étudier cette influence. Il faut donc nous en tenir à ceux qui ont présidé à la composition des Pandectes et des Institutes.

Mais d'abord, ces jurisconsultes, s'il est permis de leur

____

[1] Voir *supra*, § 2.

donner ce nom, avaient-ils une philosophie? Ils étaient tous, sans doute, chrétiens : ce qui ne signifie pas que dans leur œuvre ils aient, sous l'influence des doctrines nouvelles, donné naissance à un système nouveau; car soit que la science du droit eût épuisé, dans les beaux siècles de la jurisprudence, toutes les formes possibles de son alliance avec la philosophie, même chrétienne, soit qu'il ne lui restât plus assez de sève, assez de vie pour la produire sous une forme nouvelle, ils n'ont fait qu'une œuvre de confusion, rapprochant les principes empruntés à tous les systèmes, les systèmes eux-mêmes les plus opposés, et ne produisant, comme leur étant propre, que quelque chose sans nom, assez semblable à ce monstre d'Horace [1], composé de membres empruntés à tous les animaux. Toutefois, en présence de cette étrange association, et de son résultat plus étrange encore, nous ne dirons pas avec le poëte :

Spectatum admissi, risum teneatis, amici ?

Nous trouverions plutôt à nous affliger de cette décadence évidente, de cette dégradation de la science du droit romain.

Et qu'on ne pense pas que nous jugeons ainsi les travaux de ces compilateurs d'après les Pandectes. Nous serions peut-être injustes; car, sauf les mutilations, les arrange-

---

[1] *De Art. poetica.* Tout le monde sait par cœur ces vers :
    Humano capiti cervicem pictor equinam
    Jungere si velit, et varias inducere plumas,
    Undique collatis membris, ut turpiter atrum
    Desinat in piscem mulier formosa superne,
    Spectatum admissi, risum teneatis, amici ?
    Credite, Pisones, isti tabulæ fore librum
    Persimilem, cujus, velut ægri somnia, vanæ
    Fingentur species, ut nec pes, nec caput uni
    Reddatur formæ.....

ments souvent bizarres des fragments, quelques interpola-
tions, il n'y a rien là qui leur soit propre. C'est une sorte de
Panthéon juridique ouvert aux restes peu entiers, il est vrai,
des anciens jurisconsultes. Aussi ne devons-nous pas nous
étonner d'y rencontrer côte à côte le sabinien et le proculéien, le stoïcien, l'épicurien et peut-être le chrétien.

Mais c'est d'après les Institutes qu'on peut, avec plus de
raison, considérer comme leur œuvre, car là, du moins,
il y a du leur; nous y reconnaissons assez souvent leur
main, quelques emprunts qu'ils aient faits d'ailleurs aux
anciens jurisconsultes.

Or, dans les Institutes, ces *totius legitimæ scientiæ prima
elementa*, comme les appelle Justinien, nous trouvons non
pas seulement réunis, mais confondus les deux systèmes de
Gaïus et d'Ulpien. Quant à celui de Paul et de Papinien, il
n'en est pas même fait mention; cependant il paraissait devoir
mieux se concilier avec les idées philosophiques de cette
époque; mais il n'était point exposé dans un des livres élé-
mentaires que les rédacteurs des Institutes mettaient à con-
tribution pour leur travail, et il dut être négligé.

Dans le titre premier, *De justitia et jure*, sont reproduites
les définitions d'Ulpien, de la justice, de la jurisprudence,
les trois préceptes de droit et la division du droit en droit
public et en droit privé ; celui-ci formé de préceptes empruntés au droit naturel, au droit des gens, au droit civil.

Dans le titre deuxième, sous cette rubrique, *De jure naturali et gentium et civili*, qui prouve, ainsi que le titre précédent, que le système tripartite d'Ulpien est admis, et que
l'on doit distinguer trois sortes de droits, est reproduite encore la définition que donne Ulpien du droit naturel commun
aux hommes et aux animaux; mais elle est immédiate-
ment suivie des définitions et de la division bipartite de

Gaïus. Ainsi, après le droit naturel d'Ulpien, dérivant de la *nature*, nous avons le droit des gens de Gaïus, dérivant de la *naturalis ratio*, et enfin le droit civil, tel que le définit Gaïus; car pour celui-là, comme pour le droit des gens, les définitions d'Ulpien sont abandonnées. Mais voici encore, après un alinéa sur le mot *droit civil* d'un à-propos au moins douteux, la définition du droit des gens d'après Hermogène dont le fragment, corrigé et augmenté, est reproduit. Or, dans ce fragment, le droit des gens est dit être né, *usu exigente* et *humanis necessitatibus*. Juste le contraire de ce que dit Gaïus : ce qui nous fait deux espèces de droit des gens.

Ce titre se termine par le passage suivant: « Sed naturalia quidem jura, quæ apud omnes peræque gentes servantur, *divina quadam providentia* constituta, semper firma atque immutabilia permanent. » Ce passage, le seul qui renferme une trace de christianisme, en faisant dériver le droit naturel de la Providence divine, et qui pourrait, au besoin, servir de base à un nouveau système sur le droit naturel, ne fait qu'ajouter à la confusion. La pensée reproduite est, comme on le sait, de Gaïus; mais à quels droits naturels l'appliquer?

D'après ce qui précède et en s'en tenant à ce que Justinien appelle droit naturel, on doit l'appliquer à ce droit commun aux hommes et aux brutes. Mais un tel droit n'est pas immuable, car Justinien lui-même (pour ne pas dire Tribonien, Théophile et Dorothée) reconnaît, en maint endroit[1], que ce droit primitif a été modifié par le droit des gens; il n'est donc pas immuable.

Veut-on l'appliquer au droit des gens que Justinien ap-

---

[1] Voy. § 2, *De jure naturali gentium et civili*, et Pr., *De libertinis*

pelle aussi dans d'autres endroits droit naturel? C'est à lui, en effet, qu'il s'appliquait dans le système de Gaïus. Mais nous aurons alors deux droits naturels en présence, celui d'Ulpien et celui de Gaïus; et ce qui est mieux encore, tous les deux représentés comme existant dès le principe, *jure naturali ab initio* [1], dit-on du premier; *quod cum genere humano natura rerum prodidit* [2], est-il dit du second. Mais l'un suppose un état de nature antésocial, et l'autre suppose que cet état n'a pas existé. Comment concilier ou débrouiller tout cela? Il est vrai que le texte où Gaïus dit que le droit naturel ou droit des gens est né avec le genre humain lui-même, a été retouché. Ainsi, à la *naturalis ratio* a été substituée la *rerum natura*. Mais si l'on veut attacher quelque importance à cette modification et appliquer le passage au droit naturel d'*Ulpien*, comme ce droit est appelé aussi dans le même passage droit des gens, il en résultera une confusion inextricable entre le droit de la nature et le droit des gens, pourtant si bien distincts dans le système de ce jurisconsulte.

Que conclure de tout ceci, car nous ne saurions y insister davantage, que conclure de cette confusion de principes philosophiques et de systèmes, de ces contradictions accumulées comme à plaisir, de ces modifications ou altérations des textes primitifs qui révèlent la plus complète ignorance de leur sens véritable, sinon que les rédacteurs des Institutes non-seulement n'avaient pas de système philosophique

---

[1] V. 2, *De jure naturali*, et supra, *De libertinis*.

[2] 11, *De rerum divisione*. « Quarumdam enim rerum dominium nanciscimur jure naturali quod, *sicut diximus* (v. 1) appellatur jus gentium. Commodius est itaque a vetustiore jure incipere; palam est autem vetustius esse, naturale jus, *quod cum ipso genere humano, rerum natura prodidit;* civilia enim jura tunc cœperunt esse, cum et civitates condi, et magistratus creari, et leges scribi cœperunt. »

qui leur fût propre, mais qu'ils ne comprenaient ou ne soup-
çonnaient pas même la philosophie des anciens jurisconsultes? Avec la meilleure volonté, on ne saurait trouver ici
quelque chose qui ressemble à de la philosophie, non pas
même l'éclectisme pris dans son plus mauvais sens; c'est
le chaos, rien que le chaos.

Tristes conclusions, sans doute, et qui nous prouvent
que si la science du droit unie à la philosophie s'éleva chez
les Romains à sa plus grande hauteur, atteignit son apogée,
séparée d'elle elle descendit à l'extrême période de la décadence : ce qui nous amènerait à conclure aussi que dans
leur intérêt et pour leur progrès mutuel, aujourd'hui surtout, ces deux sciences doivent se prêter la main. Tels
sont nos vœux.

Il est bien entendu d'ailleurs que ce que nous avons dit
et conclu ne s'applique point à l'œuvre de Justinien, considérée au point de vue législatif; car s'il y a décadence incontestable pour la science, il y a progrès non moins incontestable pour la législation. Faut-il en tirer cette autre
conclusion que l'une et l'autre progressent ou déclinent en
raison inverse?

FIN.

TABLE.

—

FIN DE LA TABLE.